THIS BOOK BELONGS TO :

____

____

WELCOME TO
"Activity Book
For Kids"

Help me choose my candy

P N C Q Z Z D X L B Q A
I A G B X H P W J R U Z
F V G I D J A W A A X W
F K Q G L O L G Y B E L
H S I F O S L C G B J U
I V U K H R A P T I R U
D H Z L P M F E H T W J
B U T T E R F L Y I L S
D E E L L P B F S X N D
B Y F K D P V E G A D P
BUTTERFLY
CAMEL
DOLPHIN
FISH
FROG
RABBIT

ALLIGATOR

BEAR

ALLIGATOR

CAT

MIAMMMM
It's delicious

T D N K G Z K U A T J I
J U O G M G B H N N Z F
R A L L I P R E T A C J
S H A R K C H K Q H X F
C Q D F M O R Y L P E C
O Z E R K A E A N E I L
E V I U K K M S B L B P
C N Y F N P C H H E H O
J O F O W K Y W P H I A
N P M J X Z A W P Y P A
ANT   ELEPHANT
CATERPILLAR   MONKEY
CRAB   SHARK

DUCK

DUCK

ELEPHANT

ELEPHANT

FROG

FROG

Find TEN Differences   IN THESE TWO PICTURES

Zz!

CROCODILE

DEER

EAGLE

DONKEY

HIPPO

PANDA

GIRAFFE

GIRAFFE

Hippopotamus

Hippopotamus

Find TEN Differences IN THESE TWO PICTURES

NICE DAY

SCHOOL

V B P E U H M A Q Q B R
P J P S H J A T N S Y N
L Y M O A U V W S E V M
V E Y O W P O H B L U X
W J S G K R D Q N Z T U
N W O A C D A E E E B P
Q W S R E O U V Z R I Q
Q O D T S W O C I W O T
T Y D O V E M O K W C Q
M Z B C N E G W M L X L
CROW
DOVE
DUCK
GOOSE
HAWK
WEASEL

IGUANA

IGUANA

JELLYFISH

JELLYFISH

Koala

Koala

Find TEN Differences IN THESE TWO PICTURES

Hôpial LICORNUS
Supermarket
24 hrs
C D E
B
A

HERON

KINGFISHER

OWL

PEAFOWL

PHEASANT

PIGEON

LION

LION

MONKEY

MONKEY

Find TEN Differences IN THESE TWO PICTURES

I want to go to my house

H F W O R R A P S A Z D
H B E B E E F R K K X S
H L J A O J V S O A I U
Q Q N N G N T F O M V E
G Z A M Z A I Q R P R N
X W J X R Q O B Q Q C I
S B J L U R A V O A T W
F E I K X G Q M K R V Z
M N S K F H W H O J L N
G I Z J T X V J J I V L

BEE
ROBIN
ROOK
SPARROW
STARLING
SWAN

N NARWHAL

Trace it.
You can do it

N

NARWHAL

OCTOPUS

Find TEN Differences IN THESE TWO PICTURES

I'M HUNGRY

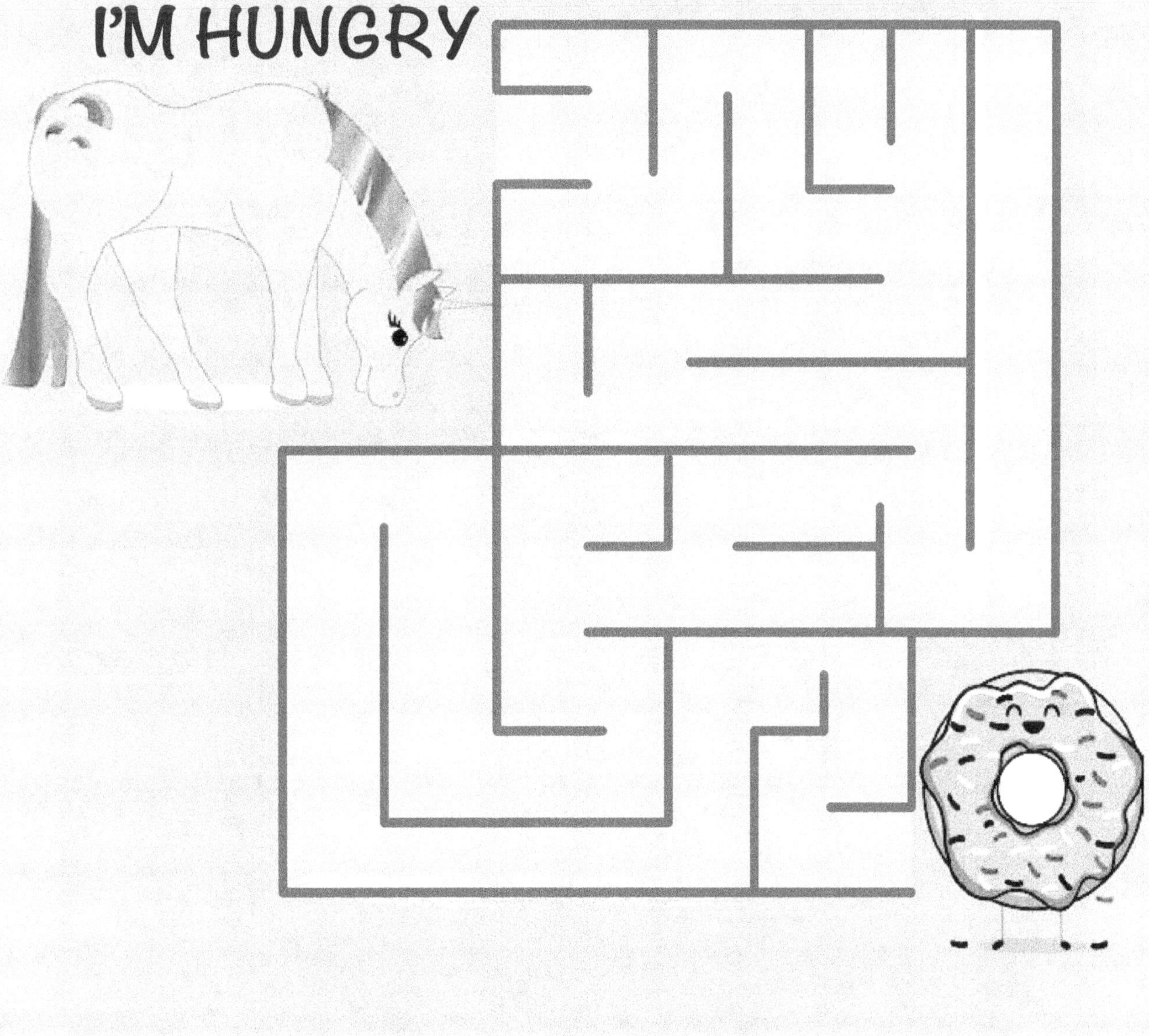

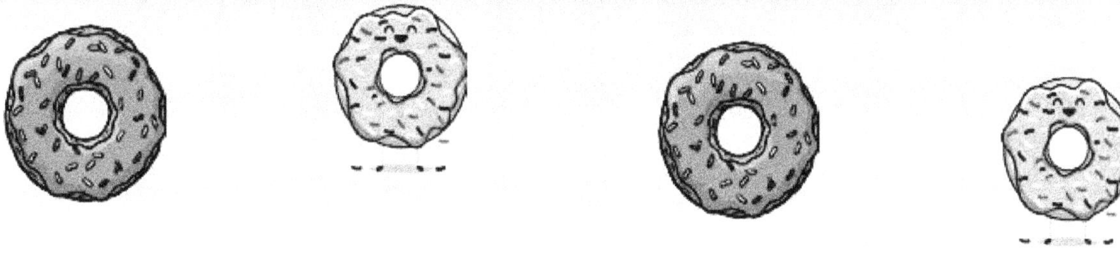

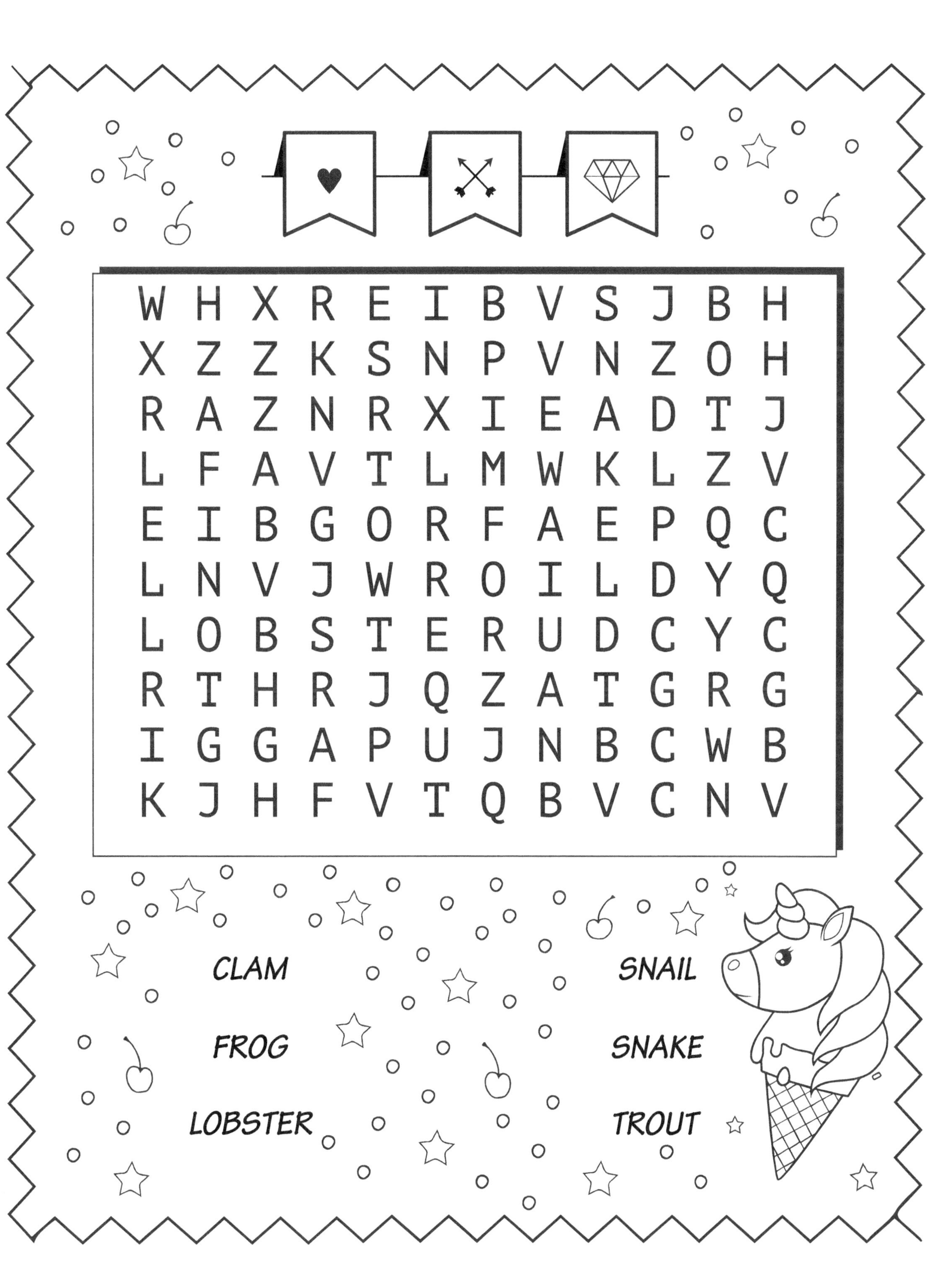

W H X R E I B V S J B H
X Z Z K S N P V N Z O H
R A Z N R X I E A D T J
L F A V T L M W K L Z V
E I B G O R F A E P Q C
L N V J W R O I L D Y Q
L O B S T E R U D C Y C
R T H R J Q Z A T G R G
I G G A P U J N B C W B
K J H F V T Q B V C N V

CLAM
FROG
LOBSTER
SNAIL
SNAKE
TROUT

Trace it.
You can do it

PIG
P

PIG

Q
QUETZAL

QUETZAL

R
RABBIT

RABBIT

Amazing FARM

K U R A H C G L Q G M D
W L B O Y H A O S I X O
Z V R K A G N T D P H N
V S T A O G W Z T I W K
E J R U Y U Q N F L A E
E J O N Z A N F N Z E Y
B M M Y T T T E K B I I
Q W V K V G Z E J L J N
B E Q I Y W V K C N V U
X H H I N Z U I O D X Q
CATTLE   GOAT
DOG   HORSE
DONKEY   PIG

SNAKE

SNAKE

TIGER

TIGER

UNICORN

UNICORN

Find TEN Differences IN THESE TWO PICTURES

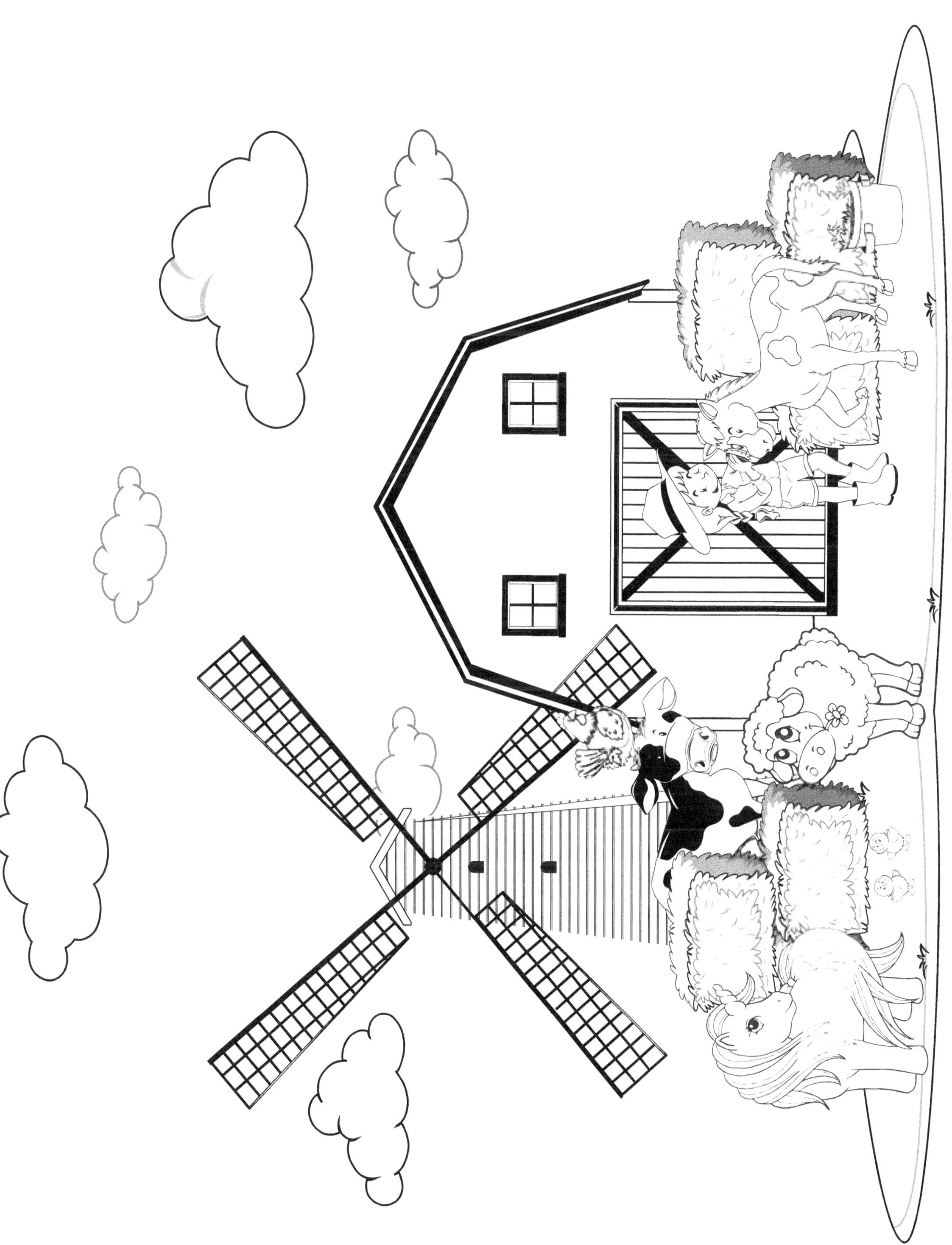

D R E B F T C N D U C K
S P U E S H P X L Y L T
L N L C I E T U I V V F
Q S X C E X C E B C U I
X U K H Y O D L R B G E
B E S X Q U P R E R O L
N N N F A F H Q G U E B
R E T S M A H O S J E F
V J H D E B M C W K H E
M I N X E X Y E C G U F

CHICKEN

DUCK

FERRET

GERBIL

HAMSTER

SHEEP

Trace it.
You can do it
VAMPIRE BAT
VAMPIRE BAT
WHALE
WHALE

Find TEN Differences IN THESE TWO PICTURES

Find the correct path

B S Z J F R J S M D W G
Q U P N A X D L T Y A O
A W D B L J W X U E C L
K Y B G Y J E B E L H D
H I T N E C W J K Y A F
T N C O W R B A A Z J I
K W J Y R U I U N S U S
X S C F C R U G S Z K H
F R F J P C A J A Z U T
Y R A N A C D P R R V J
BUDGERIGAR
GOLDFISH
PARROT
RABBIT
SNAKE
CANARY

X-RAY FISH

YAT

ZEBRA

Find TEN Differences IN THESE TWO PICTURES